AF321356

LETTRE

A UN

BON CITOYEN,

SUR UN CAS DE CONSCIENCE

ET D'HONNEUR CIVIQUE.

—

JUIN 1832.

PARIS,

Imprimerie de SÉTIER, rue de Grenelle St-Honoré, n. 29.

—

1832.

LETTRE A UN BON CITOYEN,

SUR UN CAS DE CONSCIENCE

ET D'HONNEUR CIVIQUE.

MON CHER ET DIGNE AMI,

Vous me demandez de vous déduire les mo-
tifs qui m'ont fait prendre parti dans l'affaire du Colonel de notre 4ᵉ Légion, et par
le peu que vous m'en avez dit en causant, je
crois reconnaître à l'avance que vous ne m'ap-
prouvez pas de m'être prononcé comme je
l'ai fait sur la nécessité de sa démission, bien
que j'y fusse provoqué, et d'avoir ainsi compromis la bienheureuse paix où me laissaient
vivre mes humbles fonctions municipales.
Vous avez bien raison, vraiment ! me voici,
à l'heure qu'il est, embarqué dans un bel
embarras : *et que diable aussi allais-je faire
dans cette galère ?* . . . .

Comment n'ai-je pas été frappé d'abord
des observations que vous faisiez valoir hier.
» On ne condamne un homme, disiez-vous,
» que sur des faits. Je veux bien que M. le
» Colonel du 4ᵉ Arrondissement n'ait point
» agi les 5 et 6 juin. Il n'a rien fait, d'ac-
» cord ; c'est prudence et sagesse ; et qui
» peut aujourd'hui prétendre que s'il s'était
» montré, ç'eût été dans un sens plutôt
» que dans un autre? trop heureuse inac-
» tion qui permet aux gens de se rallier à
» nous après la victoire! — Mais ses dis-
» cours! — Paroles après tout ; autant en
» emporte le vent! et d'ailleurs, vous savez
» qu'il se pique de rondeur et de franchise;
» c'est de quoi faire excuser maint propos
» plus ou moins indiscret. On est invité chez
» d'illustres amis de *l'autre Monde*, et ce n'est
» pas merveille qu'on se laisse entraîner à
» quelque épanchement républicain, ce qui
» n'empêche pas d'aimer très franchement
» Louis-Philippe. Ne voyons-nous pas ces sen-
» timens, tout contraires qu'ils peuvent pa-
» raître, s'arranger dans de fort bonnes têtes,
» et n'être pas surpris de se trouver ensem-
» ble, même aujourd'hui après tous les beaux,

» faits de nos patriotes républicains. C'était
» bien franchement que le Colonel s'écriait le
» 6, à neuf heures du matin, en s'adressant
» aux officiers du premier bataillon de la lé-
» gion, avec le ton énergique et l'accent mili-
» taire : *Voilà les effets de votre sacré gouverne-*
» *ment !* Ne donnait-il pas encore l'expression
» vraie de sa pensée lorsqu'il se glorifiait d'avoir
» dit *franchement* au Roi que, si sa légion ne
» s'était pas montrée plus nombreuse les 5 et
» 6 juin, c'est qu'elle désapprouvait la marche
» du gouvernement, et que le peu de citoyens
» qui avaient répondu à l'appel, ne l'avaient
» fait que par amitié pour lui colonel......
» Qu'ils s'étaient bien battus, il est vrai, mais
» avec la confiance que Sa Majesté ferait des
» concessions.... Quand il aurait tenu ces dif-
» férens propos et vingt autres pareils, pour-
» quoi vous en mêler ? Pourquoi vous faire
» ainsi redresseur de paroles ? C'était à la lé-
» gion à s'en trouver blessée ; laissez-la dé-
» fendre son honneur en famille. Vous n'avez
» pas, il est vrai, commencé d'enquête offi-
» cielle, mais les démarches officieuses étaient
» déjà superflues, et c'est vous mettre à
» plaisir sur les bras des affaires difficiles. »

Que voulez-vous ! L'admirable conduite de notre garde nationale m'avait mis en humeur guerrière, et j'ai voulu comme elle avoir mon 6 juin et mes barricades à détruire. Au milieu du combat, je n'étais bon à rien ; les sommations se faisaient alors à coups de canon, et mon écharpe n'eût pas fait reculer des hommes qui avaient jeté le fourreau. Le 7 juin c'était mon tour ; je l'ai pensé du moins. Encore vivement ému du spectacle nouveau de ces braves citoyens, notables, électeurs, jurés, pères de familles, qui s'étaient arrachés à leurs femmes, à leurs enfans, à leurs affaires, aux habitudes paisibles de la vie privée, pour courir aux armes, pour donner leur vie en sacrifice à l'État et au Roi, j'ai cru qu'ils méritaient bien qu'on fît pour eux quelque chose. C'était notre classe moyenne, classe bourgeoise, égoïste, laborieuse, intéressée, telle que l'a faite notre civilisation moderne, qui, cette fois, se levait comme jadis les Grecs et les Romains pour sauver la chose publique, oubliant pour elle fortune, intérêts, famille. C'était le vrai peuple chargé de représenter la richesse, les lumières et la gloire de la France, qui ce jour-là annonçait sa volonté suprême aux prétendus amis du peuple.

"Le combat fini, il fallait songer aux fruits de la victoire. Nos braves amis ne veulent de l'État ni places, ni décorations; ce qu'ils désirent, c'est qu'il prenne de la force, et qu'il garantisse l'avenir de nouvelles luttes sanglantes, auxquelles ils sont encore préparés s'il le faut, mais qu'ils aimeraient autant éviter. Ils ne demandent ni des réactions, ni du sang, Dieu nous en préserve! mais qu'ils s'éloignent des hautes fonctions politiques, les hommes qui, professant des opinions hostiles à l'administration, concilient, par je ne sais quel accommodement de conscience, leur opposition violente avec la douce jouissance des dignités et du pouvoir; qui gardent leur position élevée pour empêcher le bien qui se peut faire, et paralyser l'influence de tous les bons citoyens; doublement traîtres, à l'État qu'ils ont promis de servir, à leur parti qu'ils ne servent qu'à demi.

Mais hélas! dans notre pays traversé coup sur coup par tant de révolutions, on ne tient aucun compte de la déloyauté politique,

Qu'un homme soit bon père de famille, honnête négociant, irréprochable dans ses transactions privées, il emporte l'estime et la considération de tous, eût-il cent fois trahi ses sermens politiques ! Manquer à ses engagemens, tromper l'État, n'est point une chose qu'on blâme : c'est comme la contrebande. L'État lui-même semble s'accommoder à ces mœurs; on le verra, en vertu de la loi, châtier quelques misérables arrêtés les armes à la main; mais repousser les hommes qui, sans avoir conspiré, ont encouragé la révolte par une opposition ennemie, les prier de résigner des fonctions *même gratuites*, lorsqu'ils s'y cramponnent en dépit de l'opinion et du devoir, c'est à quoi il a le plus de peine à se résoudre. Il y faut une fermeté, une persévérance de résolution qui résiste aux sollicitations des amis, aux manœuvres de l'intrigue, aux protestations tardives de ceux-là mêmes qui eussent triomphé d'un succès contraire, et qui, battus aujourd'hui, se ménagent encore pour une autre occasion.

Vous avez là, mon ami, l'explication de ma conduite. Après avoir vu marcher au milieu des balles nos plus braves concitoyens ; pénétré d'admiration pour eux, j'ai dû protester avec vigueur contre d'injurieuses allégations publiques d'un colonel envers sa légion, et sans faire partie de cette honorable milice, je n'ai pu me refuser à lui procurer, autant qu'il était en moi, la satisfaction qu'elle réclamait si hautement. J'ai voulu aussi prouver, à mon tour, que je ne manquais pas de cette part de courage à laquelle m'obligent mes fonctions civiles ; et je vous avoue que je m'en suis toujours fait une haute opinion. Sans doute il faut une grande force d'ame pour s'exposer à une mort presque certaine ; et pourtant, je sais par expérience qu'une fois au milieu du feu, on n'y pense plus ; le combat ne dure qu'un jour ; le bruit, l'enthousiasme, l'exemple nous soutiennent. Mais donner hautement un vote consciencieux, s'engager de sang-froid, avec tout le calme de la réflexion, à poursuivre avec énergie une mesure salutaire, sans craindre de s'exposer à des haines mortelles, à la calomnie, à l'implacable vengeance, une telle résolution a aussi son mérite. Le courage civique vaut bien le courage militaire ; il est peut-être plus rare, et tel qui s'est conduit comme un héros en présence des factieux armés, hésite et recule lorsqu'il faut demander, en signant son nom la démission d'un chef qu'il condamne. Mille considérations le retiennent : ce sont des relations de voisinage ou d'affaires, des ménagemens de société, l'influence des femmes, les égards, la compassion, une délicatesse honorable, mais mal entendue pour des hommes qui n'y sont plus sensibles du moment que, chargés du blâme de leurs égaux, ils tremblent de déférer à l'appel qui leur est fait, et de redemander à un jugement solennel un grade qu'ils préfèrent garder au prix de mille humiliations journalières.

Croit-on en effet qu'il n'y ait que roses pour moi, et que je n'aie pas senti mes entrailles émues à l'idée de contribuer pour quelque chose à affliger peut-être un citoyen recommandable par une longue et honorable carrière dans le commerce ? et pourtant il ne s'agissait ici que d'une satisfaction loyale et franche, qui, donnée de bonne grâce, ne devait porter atteinte à l'honneur ni à la considération de personne. C'était une question toute de convenance politique, une affaire de bons procédés entre gens honnêtes qui, pour être divisés d'opinion, s'estiment néanmoins, et savent abandonner le terrain assez à tems pour conserver, jusque dans leur retraite, le respect de leurs propres adversaires.

Une rencontre sérieuse a lieu dans la rue. D'une part les amis de l'ordre qui veulent du repos avant tout, pour arriver légalement à la jouissance de nos libertés; d'autre part une minorité factieuse, terroriste, anarchique, et derrière elle, oui, derrière elle, mais à l'abri des coups de fusil, une opposition hostile, non pas armée, mais parlante et délibérante, et, tandis qu'on se bat à l'avant-garde, *exigeant des concessions, imposant son Ministère.* Chacun, en pareil cas, suit naturellement sa ligne, mais après le combat c'est bien le moins peut-être que le vaincu se retire, et ce serait mal à lui, s'il occupe un rang politique, de venir faire le bon apôtre auprès du vainqueur, de chercher un biais pour se maintenir, de tout endurer pourvu qu'on le garde, armé d'une triple

cuirasse contre les murmures et la risée publique.

S'il fallait demander l'abandon de fonctions rétribuées , j'hésiterais à enlever à un
homme ses moyens d'existence, et j'avoue
que tout mon courage civique y pourrait
être rudement compromis. Je concevrais
alors qu'il criât *au martyre, à la proscrip-
tion, aux réactions,* qu'il essayât de se
barricader dans son emploi, défendant sa pi-
tance et ses foyers. Mais quoi, il s'agit d'un
grade dans la garde nationale, que l'élection
confère, et que la confiance et l'attachement
d'une majorité non équivoque peuvent seuls
maintenir et légitimer. Là, dans l'intérêt du
service comme pour le soin de sa dignité et
de son repos , un galant homme n'exerce
son commandement que sa démission à la
main, toujours prêt à en appeler au jugement de ses pairs , c'est-à-dire des électeurs.
Chez une milice citoyenne, où tous les rangs
de la société sont confondus et souvent tra-
vestis au gré de l'élection, l'obéissance ne sau-
rait être ni aveugle ni entièrement passive.
En quittant l'uniforme , chacun reprend sa

place, chacun juge, approuve ou condamne le chef qu'il s'est donné. La confiance fait la discipline; ôtez ce lien, tout est rompu; plus d'accord, plus d'union, plus de force, plus d'appui pour le gouvernement.

Sans pousser plus loin ces réflexions, vous voyez, mon excellent ami, que je n'ai pas manqué de bonnes raisons pour entrer en campagne avec l'élite de nos gardes nationaux. Vous savez quel imposant concours de volontés s'est manifesté dans la légion pour demander, ou la retraite, ou la révocation du Colonel. Il y fallait quelques démarches; mais

> Est-il besoin d'exécuter,
>
> On ne rencontre plus personne.

Et si j'avais consulté votre vieille expérience, je n'apprendrais pas, en cette occasion, combien on doit peu compter sur la persévérance et sur le secours de ceux-là mêmes qui provoquent le plus chaudement une mesure d'utilité publique, lorsqu'il faut pour y réussir quitter un instant ses affaires, réclamer, parler haut et ferme, se tenir prêt à tout. Je

ne me trouverais pas ainsi , après avoir at-
taché le grelot , seul en présence d'un adver-
saire à double épaulette.

Désormais je ne bouge , et ferai cent fois mieux.

Adieu.

AUGUSTE **VIGUIER**.

Électeur, Adj. au Maire du 4ᵉ Arrond.

Paris le 29 Juin 1832.